MAEVEE SANDONATI

MAMMA NON MI ASCOLTI!

I 10 Torti Che Tuo Figlio Non Si Merita Di Ricevere Da Te

Titolo

"MAMMA NON MI ASCOLTI!"

Autore

Maevee Sandonati

Editore

Bruno Editore

Sito internet

http://www.brunoeditore.it

Tutti i diritti sono riservati a norma di legge. Nessuna parte di questo libro può essere riprodotta con alcun mezzo senza l'autorizzazione scritta dell'Autore e dell'Editore. È espressamente vietato trasmettere ad altri il presente libro, né in formato cartaceo né elettronico, né per denaro né a titolo gratuito. Le strategie riportate in questo libro sono frutto di anni di studi e specializzazioni, quindi non è garantito il raggiungimento dei medesimi risultati di crescita personale o professionale. Il lettore si assume piena responsabilità delle proprie scelte, consapevole dei rischi connessi a qualsiasi forma di esercizio. Il libro ha esclusivamente scopo formativo.

Sommario

Prefazione — pag. 5
Introduzione — pag. 11
Capitolo 1: Delusione e tradimento — pag. 14
Capitolo 2: Severità e riscatto — pag. 26
Capitolo 3: Odio e finzione — pag. 38
Capitolo 4: Minimizzazione e rifiuto — pag. 54
Capitolo 5: Noia e dolore — pag. 71
Facciamo il punto — pag. 86
Conclusione — pag. 90
Ringraziamenti — pag. 95
Riconoscenza — pag. 97
Risorse utili — pag. 99

Prefazione

Scrivere una prefazione non è semplice. Non vuoi essere celebrativa, non vuoi scoprire troppo le carte, non vuoi anticipare troppo i contenuti…insomma, l'unica cosa che sai è ciò che non vuoi, il che può non essere proprio esaltante. Poi, però, comincia a farsi strada un embrione di idea, di quelle che potrebbero risolverti il problema, ma non sai se va bene, non riesci sul momento a vedere dove ti porterà…ma cominci a cercare una penna ed a scrivere, scrivere, scrivere sulla carta della vecchia agenda che hai usato per la minuta del libro.

Lascerai scorrere i pensieri intrecciandoli e darai loro forma come la matassina di cotone colorata dà forma al ricamo rendendolo un quadro, un quadro dove una visione d'insieme potrà donare forse una suggestiva emozione. Perciò ora comincerò a dipingere con la mia "penna da ricamo" e, grazie ad essa, vi racconterò una storia. Alla fine di essa, se avrete avuto la bontà di seguirmi fin lì, ci addentreremo in ben altri meandri.

C'era una volta, una bambina molto timida. Viveva in una piccola città, in una grande casa posta in un bel quartiere residenziale. Il suo era un mondo composto da adulti, fatto di "cose da grandi", da cui lei era perennemente esclusa. Lei era intelligente, osservava tutto intorno a sé, osservava e pensava. Pensava e rielaborava, per conto suo. Nessuno le prestava attenzione, era solo una bambina, cosa mai poteva capire?

La bambina parlava di rado, molto di rado. A sua madre, così come agli altri adulti, non interessava cosa avesse da dire e cosa pensasse. Se azzardava una domanda, veniva zittita per aver osato infrangere il muro generazionale ed il suo comportamento veniva bollato come "polemico", ed esortata ad "aspettare di crescere prima di parlare".

Lei coltivava i suoi pensieri con amore, li nutriva con la lettura e li fissava come appunti su mille quaderni, diari, notes. Ci metteva tanto a coltivarli, i suoi pensieri, non voleva perderli. Intanto lei cresceva e si rendeva conto che il suo mondo famigliare era soffocante. La serie di no imposti da sua madre era più lunga di una soap-opera, negazioni giustificate con la necessità di un controllo esasperato e senza logica. Cresceva senza poter fare molte esperienze, viveva di luce riflessa, quella degli altri, di cui faceva tesoro, da cui cercava di apprendere il più possibile.

Lei si rifugiava nella lettura e nella scrittura trasponendo sulla carta il suo dolore, le sue frustrazioni, la sua rabbia. Quel rifugio sicuro le permetteva di dare vita alle sue speranze, ai suoi desideri, di dare sfogo ai suoi tormenti. Negli anni successivi, la bambina cresciuta avrebbe lottato duramente contro una serie di avversità create dall'incapacità del suo mondo adulto di risolvere problemi reali, soprattutto economici. Si ritroverà in situazioni che le avrebbero abbruttito l'animo per molto tempo.

Pagherà debiti contratti da loro, passerà dalla villa a un tugurio in una città più grande e lontana, manterrà una sorella agli studi ed intanto, sempre nutrendo la mente, accumulerà esperienze e pensieri. I notes, i quaderni, le agende si sarebbero moltiplicati e sarebbero stati riposti in robuste scatole colorate di cartone, speranzosi un giorno di venire riaperti e raccontare le loro storie.

Ogni anno che passava veniva così fissato per sempre,

ingiallendo, ma non scomparendo nella memoria. Un giorno, la vita le mise sulla strada un bambino cresciuto come lei, opposto ed uguale, con le stesse ferite famigliari nell'anima.

Lasciò la sua famiglia ai suoi deliri e mise su casa con lui. Lenirono le rispettive ferite con l'unguento della condivisione, affrontando insieme nuove avversità, ma stavolta a lottare non era più sola. Costruirono pian piano il loro piccolo mondo, costituito di una casa ristrutturata, fatta di lavoro, pochi svaghi. Un nido, insomma, dove facevano entrare poche e fidate persone.

Il vecchio mondo adulto travolto dalle sue follie e dalle sue vanaglorie cominciò pian piano a svanire, portando con sé vecchi veleni e antichi rancori. Quando sembrava ormai che il percorso fosse ormai tracciato, una ennesima calamità si abbatté su di lei, proprio nel momento in cui era al settimo cielo perché, frequentando un corso scovato online, aveva trovato gli strumenti per ridare vita ai suoi notes ed alle sue agende: per mettere a disposizione di tutti la sua esperienza, per poter regalare un aiuto a chiunque ne necessitasse, a chiunque fosse disposto a riceverlo.

Questa volta la bambina cresciuta si ribellò: non avrebbe più pagato debiti contratti da altri, non avrebbe più posposto la sua vita per favorire altri che evidentemente non lo meritavano, li avrebbe lasciati andare alla deriva delle loro azioni. Così fece. Con qualche timore, ma senza rimpianti, si risistemò sul sentiero della sua vita e decise che avrebbe continuato a muovere i suoi malfermi passi sulla terra dura.

Voleva raggiungere ancora un paio di obiettivi prima di svanire a sua volta. Gli anni, si sa, passano e diventano pian piano più grevi. Uno di questi obiettivi sono le pagine che andrete a leggere ora, perché, ovviamente, quella bambina cresciuta sono io, ormai all'alba del sesto decennio. La mia storia la sto ancora scrivendo, ogni giorno, per ogni giorno a venire.

Perché ho deciso di scriverla nella prefazione e non, lanciandola a sprazzi all'interno del libro? Per arrivare a parteciparvi qualche pensiero ingiallito in anticipo. Volevo farvi sapere che ogni singola parola scritta, non arriva solo da anni di studio, ma anche e soprattutto dall'esperienza, dall'amore per il mio lavoro e per i bambini con cui lavoro.

Non sono una che è "nata imparata": mi sono affidata a chi ne sapeva più di me, ho osservato ed imparato a mia volta. Ho sbagliato e mi son corretta, talvolta chiedendo venia e rimediando fattivamente, facendo tesoro di ogni giornata. Non sono perfetta, ma i miei bimbi mi dicono sempre che è bello stare con me, che con me la scuola è facile, che ci vengono volentieri.

A me basta per darmi ogni mattina la carica, per farmi entrare in aula sorridendo, per sgridare mossa dalla volontà di correggere, dal "tenerci" a far raggiungere a tutti gli obiettivi prefissati, non dalla rabbia o dalla isteria. Sono grata, malgrado tutto, alla vita. Nelle lotte, anche quelle perse, ho trovato la mia forza, nel dolore il mio riscatto, nell'amore ho ritrovato me stessa. Spero che possiate apprezzare questo scritto. Ogni parola sale dal cuore, e non vi nascondo che mentre scrivevo e ricordavo, qua e là qualche lacrimuccia l'ho versata.

Buon proseguimento di lettura!

Introduzione

Buonasera! Ma che bello vedervi così in tanti davanti al mio falò virtuale! Una bella premessa per una chiacchierata amichevole alla scoperta del mondo dei nostri bambini...

Permettetemi di presentarmi. Sono Maevee, Mae per gli amici e sono un'insegnante. Insegno da ventotto anni. Sono stata in scuole in zone ad alto rischio criminalità, in zone "bene", in paesi, paeselli e città...ma la mia "bestia nera" è sempre stata la stessa: quella sorta di discesa nell'arena stile film *western* con tanto di armi in pugno e cinturone...non so se avete indovinato... qualcuno sì, vedo che sorride...capito di cosa parlo? Bravissimi, parlo proprio dei colloqui coi genitori!

Durante questo polveroso duello, dove molto spesso i genitori dimenticano che siamo dalla stessa parte, emergono errori di gestione della genitorialità in cui a rimetterci son sempre e solo loro: i bambini!

Con il tempo ed il moltiplicarsi delle esperienze, gli errori più frequenti sono riuscita a raggrupparli in dieci categorie. Ovviamente, son tutti errori commessi in buona, se non ottima fede, ma contengono tutti uno spasimo, una tensione che rischia di distruggere, invece di aiutare, la crescita armoniosa del nostro pargoletto.

Se ciò avvenisse, andrebbe a distruggere anche il futuro e la felicità del nostro futuro. Già perché, non dimentichiamoci mai che i bambini incarnano la speranza e sono il nostro futuro, quel futuro che vorremmo fosse migliore. Se loro saranno infelici ed insoddisfatti, come sarà il loro mondo e cosa, a loro volta, tramanderanno?

Naturalmente, non ho l'arroganza di pensare di avere tutte le risposte in tasca, però forse posso fornire qualche spunto di riflessione per un po' di autocritica, aprire qualche dialogo costruttivo, portare un adulto un po' più vicino al suo bambino. Se diventare genitori è un attimo, essere genitori è un grande impegno, costante e senza fine (non si va in pensione da genitori, lo sarete fino al vostro ultimo respiro e non ci sarà maggiore età che tenga), ma questo non vuol dire che con impegno, costanza e determinazione, non si possa essere genitori migliori.

Oh, è arrivata anche la chitarra! Ora possiamo intraprendere questa serata intorno al fuoco. Vi racconterò storie, come si fa intorno a un falò fin dalla notte dei tempi, e magari riscopriremo tutti insieme quanto un sorriso ed una mano tesa verso l'altro, diano di più di uno sguardo distratto ed una mano in tasca.

(Ogni nome e luogo riportato è di fantasia e non riconducibile al reale protagonista od alla reale località)

Capitolo 1:
Delusione e tradimento

No alla bugia (ma se a dirla è la mamma...?)

Adesso ditemi, sinceramente: ve la ricordate la canzoncina di Carletto e Corrado? Vedo che sorridete...perciò ve la ricordate! Ebbene, chi non è stato vittima del *"questo non si dice, questo non si fa?"* Beh, credo tutti...specie davanti ad un genitore rosso di vergogna che doveva districarsi in una situazione imbarazzante. Vi racconto una storia...

Una quindicina di anni fa, lavoravo in una seconda elementare. Durante un intervallo, Melissa e Roberta giocavano con le loro barbie. A un certo punto, io e la mia collega sentiamo Melissa gridare alla sua bambola: "Hai detto una bugia! Puttana! Puttana! Puttana!" e giù sberle alla malcapitata. Io e la mia collega rimaniamo allibite per un istante, poi la mia collega mi dice: "Chiamo la mamma e la convoco per le 16,40. Puoi fermarti?". Ovviamente, le rispondo.

La signora giunge puntualissima, avvolta in una nuvola di profumo, fasciata in un abito di seta a fiori e su un tacco 12. Pretende che la figlia sia presente al colloquio (cosa sempre sconsigliata e sconsigliabile).

Le esponiamo l'accaduto e lei, sbattendo le lunghe ciglia e fingendo stupore afferma: "Oh cavoli, mi dispiace tanto! Non so davvero dove possa averla sentita...a casa, noi queste parole non le usiamo!". Replica pronta e indispettita Melissa: "Ma mamma, cosa dici? Come non lo sai? Te la diceva l'altra sera papà quando litigavate...!".

Inutile dire che la mamma cercò invano intorno a sé una voragine in cui sprofondare. Ora, si insegna sempre che le bugie hanno le gambette corte...ma in questo caso, chi l'aveva detta?

Soffermiamoci un secondo su Melissa: a lei è stato insegnato a non mentire, che la bugia è una cosa sbagliata ma, la stessa persona che glielo ha insegnato sta mentendo, proprio adesso, in questo momento e per lei è sbagliato, perciò sente di dover intervenire. Deve ristabilire la verità, quella che secondo lei, è stata nascosta.

SEGRETO n. 1: davanti ai bambini, coerenza, anche quando costa fatica. Anche quando bisogna ammettere un errore.

Se la mamma avesse detto: *"Guardate, vi chiedo scusa, io e mio marito l'altra sera abbiamo litigato e son volate parole grosse. Pensavamo che la bambina dormisse ma, evidentemente, non è stato così e ha sentito tutto"*, beh, una dichiarazione di questo genere avrebbe fatto scaturire un dialogo costruttivo, un fronte unico nella gestione della situazione. Invece, quella *"dichiarazione da struzzo"* ha portato Melissa ad aggiungere: *"Hai detto di nuovo una bugia. Ha ragione papà. Menti sempre. Non ti credo più, adesso"*.

SEGRETO n. 2: attenti alla delusione di un bambino. La vive come un tradimento della più importante tra le sue figure di riferimento: il genitore.

Il tradimento è difficile per un bambino da accettare: genera disillusione, disagio, disaffezione. Diventerà diffidente, tenderà a stare con l'unica persona che non lo deluderà né tradirà mai: se stesso.

Anni dopo questa bimba, ormai adolescente, durante la causa di divorzio dei suoi genitori, avrebbe scelto di stare col padre. Alla richiesta di motivare la sua scelta, avrebbe risposto: *"Non mi fido di lei. Mente sempre"*. La bugia avrà anche le gambe corte, ma la memoria di Melissa le aveva lunghissime.

Quindi, ricordiamoci sempre che la *coerenza* è fondamentale. Essere coerenti non è sempre facile, e può non essere affatto semplice. Ci vanno impegno e costanza, ma sicuramente ce la si può fare. Tenete presente che, quando non potete essere coerenti potete sempre spiegare ogni vostra scelta, rendendola accettabile. Un bambino disilluso può diventare un adulto fragile, diffidente, solo...e noi non vogliamo che i nostri figli lo siano, giusto?

No alla partecipazione (e cosa vengo a fare?)

Rimaniamo su questo importante tema. Chi di voi non ha mai partecipato da piccolo come attore a scuola o in parrocchia, o chissà dove, ad una recita di Natale, Carnevale o fine anno, a dir si voglia? Vediamo...lo immaginavo...tutti.

Ora, dubito che fossimo tutti protagonisti principali. Ci sarà stato chi avrà interpretato personaggi secondari, chi solo la muta comparsa nell'angolino vicino alla quinta, chi il cantante nel coro, chi la voce fuori campo, ecc. ecc., ma comunque tutti partecipanti attivi alla realizzazione di questo benedetto spettacolo.

Ognuno di noi avrà dato il suo contributo: studiato parti a memoria, fatto prove di canto, lavorato alle scenografie o come attrezzista. Tante formichine affaccendate per far vedere ai nostri genitori uno spettacolo bellissimo, fatto da noi, orgogliosi di aver realizzato qualcosa di bello...giusto? Mmm, vediamo la storia.

Francesco arriva a casa strafelice: quest'anno allo spettacolo finale partecipa anche lui! Fino all'anno prima, non era mai stato scelto, ma quest'anno la maestra nuova (io) aveva deciso che tutti avrebbero avuto un ruolo attivo.

Non sta più nella pelle. Si siede a tavola per cenare ed a un certo punto dice, quasi urlando per la felicità: "Quest'anno alla recita partecipo anch'io!". La mamma abbozza un sorriso e svogliatamente chiede: "Che parte farai?" e lui risponde, orgoglioso: "Il suggeritore! Venite a vedermi, vero?".

Il padre, alza lo sguardo dal piatto e commenta: "Quindi non fai nulla in una cosa che non serve a nulla. Allora spiegami: cosa ci vengo a fare?". Francesco abbassa lo sguardo. Ha perso l'appetito. Stringe il tovagliolo. Le lacrime cominciano a scorrere calde, rigandogli il bel visino. La sua bocca trema di rabbia. Vorrebbe dire qualcosa, forse addirittura urlare qualcosa, ma non riesce. La voce muore in gola. Si alza e va a chiudersi in camera sua.

Alla recita, lui cercherà più volte i suoi tra il pubblico: troverà più volte la mamma intenta a chiacchierare con altre mamme ed il papà concentrato sul cellulare.

SEGRETO n. 3: partecipate sempre alle loro piccole, grandi felicità. Sono i più bei ricordi che si porteranno dentro e da adulti, si comporteranno nello stesso modo.

Il disinteresse, quasi la scocciatura che molti genitori dimostrano a partecipare alla vita dei loro figli, spesso indica che quei genitori non sono consapevoli del loro ruolo. Delegano a chiunque capiti (nonni, baby-sitter, maestri, catechisti, animatori...) il compito di occuparsi del minore, dimenticando che ci sono azioni educative che solo un genitore può fare, insegnamenti che solo un genitore può impartire, un amore che solo un genitore può donare. Per questi genitori, invece, accudire i figli materialmente è più che sufficiente.

Purtroppo, al giorno d'oggi, uno dei più grandi problemi è il fraintendimento del significato della parola *competitività*. Lo stesso dizionario la definisce come erroneamente usata al posto di competizione. La *competizione* è una gara tra persone o aziende per ottenere un risultato politico o commerciale. La *competitività* è la capacità, l'attitudine a competere, il che presuppone che si debbano prima acquisire delle competenze specifiche di quel settore.
Nulla perciò ha a che vedere con la visibilità, con l'essere famosi o l'essere riconosciuti per strada ma per acquisire queste competenze bisogna mettersi alla prova, scoprire cosa interessa ed

affidarsi poi a chi sa cosa fare per far emergere e sviluppare il proprio talento. Un bambino può avere mille talenti. Perché demotivarlo quando vuole mettersi in gioco per scoprirli?

SEGRETO n. 4: l'incoraggiamento costante e fattivo porta vostro figlio a sperimentare. Ed un bambino che sperimenta è un bambino curioso, intelligente e felice.

Soprattutto, è un bambino al quale viene data la possibilità di trovare la sua strada, di essere un adulto con più chances di essere soddisfatto e felice. Diciamo che l'incoraggiamento ha un po' la stessa funzione del *"supporto vitale"* in Star Trek, ve lo ricordate? Ebbene, a questo bambino il supporto vitale è stato negato.

I genitori di Francesco erano delusi: si aspettavano un ruolo diverso, di poterlo applaudire sul palcoscenico, di poterlo indicare dicendo: *"Quello è mio figlio!"*. Francesco, invece, proprio perché era la prima volta, aveva preferito prendere confidenza con il "pianeta teatro" con un ruolo defilato perché: *"Come faccio maestra? E se poi mi batte forte il cuore, se sbaglio, se mi blocco? Poi mamma e papà si vergognano di me ed io non voglio farli vergognare...*"

Peccato che i suoi genitori questi pensieri non li avessero neanche intuiti. Avevano visto solo il ruolo marginale (che poi, se andiamo a vedere, tanto marginale non è) e lo avevano bollato come "ruolo da perdente".

SEGRETO n. 5: indagate sempre le motivazioni dei vostri bambini: vi stupiranno per la loro complessità e maturità.

Francesco, su consiglio dei suoi insegnanti, cercherà di far capire ai suoi le proprie motivazioni ma si scontrerà nuovamente con un muro di gomma indifferente al dialogo. Al colloquio successivo, la mamma elargirà questa perla di saggezza: *"Guardate che noi a Franci ci teniamo, ma non è che possiamo stargli dietro. Noi andiamo a lavorare!"*. Eccolo lì, il disinteresse.

Qualche anno fa, un noto quotidiano, ha effettuato un sondaggio sulla motivazione per cui le coppie davano alla luce un figlio. Ricordo, non senza una certa dose di orrore, le due risposte dominanti, che sommate andavano oltre i due terzi del totale: per avere più soldi dai nonni, e perché lo facevano anche gli amici.

Siete inorriditi quanto me? La vedete anche voi l'origine dell'indifferenza, della noia di essere genitori? Fortunatamente Francesco, crescendo, troverà in uno zio il suo mentore. Ora ha ventidue anni e lavora (felicemente) come giardiniere di arte topiaria in giro per il mondo. I suoi lo avrebbero voluto in banca, grigio come loro. Dicono spesso: *"Non siamo stati fortunati con 'sto figlio. Che lavoro è, curare le siepi e le aiuole?"* Invece sono stati fortunatissimi, ma non lo sanno, o forse non gli interessa saperlo.

In definitiva: i bambini ci osservano e pretendono da noi lo stesso codice comportamentale che imponiamo loro. Quindi la *coerenza* è importantissima e fondamentale. Venire meno a ciò equivale a tradirli e deluderli profondamente. Invece, partecipare alle loro gioie, sostenerli, incoraggiarli, li porta a sperimentare, a scoprire e individuare i loro campi di interesse, campi che sapranno scegliere ed in seguito motivare in modo sorprendente e puntuale.

Motivazioni che saranno punti di partenza, una sorta di

trampolino di lancio sul loro stesso domani e tutto questo grazie al vostro appoggio, al vostro amore di genitori. Quindi, due cardini li abbiamo messi giù. Diciamo con forza e convinzione: *"Si alla coerenza! Si alla partecipazione attiva!"* Chi aggiunge un pezzo di legno al falò?

RIEPILOGO DEL CAPITOLO 1:

- SEGRETO n. 1: davanti ai bambini, *coerenza*, anche quando costa fatica. Anche quando bisogna ammettere un errore.
- SEGRETO n. 2: attenti alla *delusione* di un bambino. La vive come un *tradimento* della più importante tra le sue figure di riferimento: il genitore.
- SEGRETO n. 3: partecipate sempre alle loro piccole, grandi felicità. Sono i più bei ricordi che si porteranno dentro e da adulti, si comporteranno nello stesso modo.
- SEGRETO n. 4: l'*incoraggiamento costante* e fattivo porta vostro figlio a sperimentare, ed un bambino che sperimenta è un bambino curioso, intelligente e felice.
- SEGRETO n. 5: indagate sempre le motivazioni dei vostri bambini: vi stupiranno per la loro complessità e maturità.

Capitolo 2:
Severità e riscatto

No al divertimento, al sogno, alla fantasia (papà dice che non servono...)

Vi piacciono le feste? Non sto parlando necessariamente di Natale o Pasqua, van bene anche quella di Ferragosto o di compleanno... Vi piace avere un momento di svago, di relax, di "stacco" dal quotidiano? Da bambini sognavate di fare quel che fate oggi o sognavate di fare altro? Già...il sogno, la fantasia, il divertimento, tre cose che spesso vengono negate ai bambini. Vediamo la storia:

Zoltan è un bel bimbo di sette anni. I suoi genitori, stranieri di seconda generazione, sono persone buonissime ma molto, molto pratiche. Per loro, tutto ciò che non è lavoro e non porta soldi è inutile. Il lavoro di Zoltan è andare a scuola e portare a casa buoni voti come "paga". A casa, deve aiutare i nonni nell'orto. Giocare? Poco, non serve. Fantasticare? Poco, non serve. Sono solo illusioni inutili. Sognare? Quando ti svegli il sogno svanisce e vivi nella realtà, che è diversa. Divertirsi? Inutile, serve solo a sprecare soldi. Inutile dire che Zoltan era un bimbo molto triste.

Dotato di grande intelligenza, faceva fatica a rapportarsi col gruppo. Abituato a vivere in solitudine, non riusciva neanche a inserirsi in un discorso e di entrambe le cose era ben consapevole. Osserviamo per un po' di tempo il suo comportamento, poi decidiamo di parlarne coi genitori.

Loro ci spiegano il loro punto di vista, l'educazione che gli impartiscono, ma quando si passa al gioco, allo svago, il papà afferma con forza: "Zoltan deve pensare solo a studiare. Il resto non serve. Deve studiare e darci soddisfazione per tutti i sacrifici che nonni e genitori fanno per restare in Italia".

La mia collega li ferma: "Signori, scusate, una domanda: ma questo bambino non stacca mai?". "No. Deve diventare buon lavoratore". "Va bene...ed il buon lavoratore non riposa?". "Il riposo è col sonno, la notte". "E allora le vacanze o le ferie a cosa servirebbero?".

I due, improvvisamente, cambiano espressione, si scambiano uno sguardo sorpreso, come se avessero realizzato l'errore fatto. La mamma, timidamente, dice: "Ed allora, come dobbiamo fare?". Ne seguirà un bello scambio di vedute, opinioni, tattiche e strategie.

Capiscono che il loro errore di fondo era confondere affidabilità, puntualità, dedizione e costanza (tutte bellissime virtù sul lavoro come nel privato, ed anche fondamentali, oserei dire), con la serietà intesa come severità. Credevano che il gioco fosse un corollario inutile.

Contrariamente ad Alphonse Daudet, erano convinti che le persone "serie" fossero quelle che non ridevano mai, quelle che vivevano viaggiando costantemente su una sorta di monorotaia senza distrazioni di alcun genere.

SEGRETO n. 1: date spazio a tutte le sfere della personalità. Tutte, nessuna esclusa, servono alla crescita ed allo sviluppo armonioso della persona.

Per un bambino, giocare è fondamentale. Durante la sua giornata osserva noi adulti e poi traspone nel gioco. Durante il gioco lui rivive, interiorizza, rielabora, crea. Si confronta con una o più situazioni vissute, le razionalizza, cerca di darsi delle risposte.

SEGRETO n. 2: il gioco è un lavoro di rielaborazione quotidiana del vissuto. Assecondatelo e, se il pargolo vi chiama, partecipate al suo gioco.

Vi ricordate di Melissa? Lei cercava, tramite un gioco di imitazione, di capire il comportamento dei suoi genitori. Con l'imitazione, un bambino apprende schemi di comportamento, li prova, prende misure e contromisure. Tutti abbiamo giocato al dottore, alla cassiera, alla maestra, alla mamma occupandoci di bambole di plastica come se si trattasse di persone vive. Le abbiamo fatte mangiare, parlare, studiare.

Le abbiamo visitate trovando loro malanni improbabili, interrogate per poi lodarle o sgridarle. Abbiamo parcheggiato macchinine, costruito edifici coi mattoncini cercando di capire perché oltre una certa altezza cadessero rovinosamente per terra.

Tutte azioni che prendevano spunto dal vissuto per comprendere il quotidiano, per renderlo proprio. Togliere a un bambino il gioco è un po' come renderlo monco, incapace di rapportarsi e comprendere il mondo che lo circonda. Anche il lato sociale è importante.

Facciamo parte di una società, quindi ricordatevi di farlo interagire con altri coetanei: oltre a creare legami, l'interazione lo fa crescere perché possono presentarsi situazioni problematiche improvvise (un litigio, una discussione, uno scherzo...), situazioni con le quali deve pian piano imparare a misurarsi, a districarsi ed a risolverle. Non intervenite, se non venite cercati. Mi raccomando. I bambini devono essere sostenuti, non spalleggiati.

SEGRETO n. 3: fate interagire il vostro bambino con altri. Resistete alla tentazione di risolvergli i problemi che durante una interazione si potrebbero presentare.

Oggi Zoltan ha diciassette anni. Alla scuola secondaria ha vinto le olimpiadi di matematica, cosa che gli ha permesso di vincere una borsa di studio per il liceo privato più prestigioso della sua città.

I suoi genitori sono orgogliosi di lui e hanno usato lo stesso sistema di rispetto dei tempi di studio, gioco, svago ed interazione anche con la sorella minore, che ora frequenta lo stesso liceo grazie a un'altra borsa di studio, stavolta per meriti linguistico – letterari. Un giorno, un paio di anni fa, Zoltan mi disse sorridendo: *"sono rinato il giorno in cui ho imparato a sognare ed a credere che, se ti impegni e lavori sodo, il sogno è solo un anticipo della tua prossima realtà"*. Bello, vero?

SEGRETO n. 4: dar spazio al gioco, al sogno, alla fantasia può far giungere a nuovi, insperati risultati.

No al riscatto (anche se mamma ci tiene tanto...)
Esiste anche il caso simile, ma con risultato opposto. Vediamo la storia:

Mirela è una signora giunta in Italia dopo la morte prematura del marito. Ha con sé Luminita, sua figlia, poco più che trentenne. Mirela al suo paese aveva studiato medicina, ma non si era laureata. Anche lei insegna alla figlia che la scuola è il suo lavoro e deve prendere sempre il massimo, altrimenti non ha lavorato abbastanza.

I giochi di Luminita? Le gare di tabelline e aggettivi. Le letture di Luminita? Le enciclopedie. Il futuro di Luminita? Studiare medicina. Lei ha il compito di realizzare il sogno incompiuto della mamma e, siccome la mamma ha fatto di tutto per lei, lei deve esserle riconoscente in questo modo.

Quando, durante un colloquio, facciamo notare che questo discorso non va bene, che Luminita non è una estensione della mamma e che è meglio investire sugli interessi della bambina, Mirela ha uno scatto e afferma decisa: "mia figlia fa quello che dico io e se io dico che voglio che faccia quello, farà quello".

Più volte tentammo di far capire alla mamma che sua figlia era portata verso altri studi, aveva altri interessi. Lei fu irremovibile, al punto di trasferire la bambina in un'altra scuola, e poi in un'altra ancora. Sempre arroccata sulla sua posizione. Luminita non ha finito neanche il liceo. A metà della prima classe, decise che non voleva più studiare per realizzare il sogno della mamma la quale, ovviamente, le si rivoltò contro. La rispedì come un pacco nel paese d'origine a casa dei nonni paterni e non mi risulta si siano più riviste.

SEGRETO n. 5: non trasferite mai i vostri sogni infranti sui vostri figli. Loro sono nati da voi, ma non sono voi.

Hanno metà del DNA di ognuno di voi genitori, ma sono esseri a sé stanti, con personalità propria, carattere proprio, capacità proprie, interessi propri e desideri propri. I casi come quelli di Luminita sono abbastanza comuni tra gli immigrati, un po' meno ormai tra gli italiani. La difficoltà maggiore, in questi casi, è proprio far capire che la creaturina non ha obblighi in tal senso. Il lasciare il Paese di origine, o interrompere gli studi o non intraprenderli non è stata una scelta del minore, ma una vostra scelta, compiuta da adulti consapevoli.

Potete dire ai vostri figli che avete preso questa decisione per loro, perché avessero un futuro migliore, perché potessero avere una vita meno sacrificata, piena di soddisfazioni, ma non potete colpevolizzarli per questo, né chiedere loro di riscattare con la loro vita le vostre scelte. Pensate un momento: tutti i medici figli di medici, sono buoni medici? Ed inoltre: sono medici migliori di quelli figli di tranvieri, avvocati, segretarie o assicuratori? Dov' è la differenza? La differenza sta nel poter scegliere.

Ho una amica figlia di due medici. Non fa il medico, né una professione in ambito sanitario. Ha scelto di seguire i suoi interessi, le sue capacità, le sue attitudini...ed è una donna professionalmente felice e soddisfatta. Ho un amico medico, figlio di un avvocato e di una maestra: è un ottimo professionista.

Se, per compiacere i genitori, la prima avesse fatto il medico ed il secondo l'avvocato o l'insegnante, sarebbero stati altrettanto soddisfatti e felici della loro vita o avrebbero avuto quella insoddisfazione di fondo che hanno tutti coloro che non hanno scelto? Quella insoddisfazione che ogni tanto fa capolino e fa cominciare i pensieri con: *"chissà cosa sarebbe successo se..."*. La questione in sé non è di poco conto.

Fare per tutta la vita un mestiere che non piace per compiacere una terza persona porta comunque a fare dei sacrifici immani per arrivare a un risultato che genera una insoddisfazione onnipresente. Che brutto! Spero di non sentire più (o almeno di sentire sempre meno) un bambino dire: *"mamma, ma io non voglio fare il..."* ed in risposta sentire un: "la tua mamma sa cosa è meglio per te. Fai come ti dico io e sarai sempre contento".

In definitiva, i bambini hanno i loro tempi ed i loro modi per misurarsi col mondo che li circonda. Uno di questi è il gioco, che permette loro di rapportarsi col mondo, di rielaborarlo e di interiorizzarlo. Importante è parteciparvi, come adulto, solo se il bambino lo chiede.

Altrettanto importante è l'interazione con altri bimbi pari-età, in modo che eventuali situazioni di conflitto adeguate all'età possano essere risolte da loro stessi, senza il nostro intervento. Devono sentirsi sostenuti, mai spalleggiati. Nel gioco, lasciate che la fantasia e il divertimento abbiano la loro parte.

Un bambino ha bisogno anche di quello per crescere sviluppando ogni lato di sé. In ultimo, lasciate che vostro figlio trovi da sé la sua strada. Qualunque siano le scelte da voi fatte, lui non può e non deve portarne il peso.

Non può e non deve realizzare quelle che erano le vostre aspirazioni per voi stessi, i vostri sogni e le vostre ambizioni. Lui avrà le proprie, che sono altrettanto degne di rispetto e di realizzazione. Non condannatelo a una vita che non gli piace, solo perché quella vita sarebbe piaciuta a voi.

Lasciategli fare le sue scelte, giuste o sbagliate che siano. Se cade, si rialzerà e riprenderà a lottare perché se la scelta sarà stata sua, se crederà in quella scelta, sarà determinato a realizzare il suo sogno.

Diciamo quindi con forza e convinzione: si al gioco! Si alle scelte autonome! Chi mi passa da bere per favore? A furia di parlare mi è venuta una gran secchezza delle fauci... Grazie!

RIEPILOGO DEL CAPITOLO 2:

- SEGRETO n. 1: date spazio a tutte le sfere della personalità. Tutte, nessuna esclusa, servono alla crescita ed allo sviluppo armonioso della persona.
- SEGRETO n. 2: il gioco è un lavoro di rielaborazione quotidiana del vissuto. Assecondatelo e, se il pargolo vi chiama, partecipate al suo gioco.
- SEGRETO n. 3: fate interagire il vostro bambino con altri. Resistete alla tentazione di risolvergli i problemi che durante una interazione si potrebbero presentare.
- SEGRETO n. 4: dare spazio al gioco, al sogno, alla fantasia può far giungere a nuovi, insperati risultati.
- SEGRETO n. 5: Non trasferite mai i vostri sogni infranti sui vostri figli. Loro sono nati da voi, ma non sono voi.

Capitolo 3:
Odio e finzione

Eh, lo so... detta così sembra proprio brutta! Qualcuno di voi crede che esistano veramente le famiglie perfette della pubblicità? Quelle famiglie in cui nessuno ha mai un capello fuori posto, in cui si alzano sempre felici al mattino, fan colazione tutti insieme in case inondate di luce e di sole e ridono come se null'altro oltre la morbidezza della brioche o la croccantezza dei cereali importasse veramente?

Credo proprio che ormai tutti sappiamo che la famiglia perfetta non esiste. Ci sono famiglie più o meno "regolari" che affiancano famiglie mono genitore, allargate, ristrette, miste, conviventi, multietniche, con genitori divorziati e bellicosi o divorziati ed amichevoli...tutti d'accordo? Credo proprio di sì.

Molti di questi stati, di solito, non influenzano la condotta e la crescita del bambino, ma ciò dipende anche tantissimo dalla maturità dei suoi genitori. Come ci si deve comportare, però, davanti ai figli quando le cose tra genitori proprio non vanno? Vediamo la prima storia.

No alla denigrazione famigliare (la mamma non è una scimmia...)

Valerio frequenta la quarta elementare. E' un bambino educato, sveglio, allegro, curioso. Interessato a tutto, è un vero gancio di traino per il gruppo classe che, peraltro, lo adora. Da qualche settimana, però, qualcosa sta cambiando. Valerio sta cambiando. Nervoso, facilmente irritabile, risponde male e si rivolta contro tutti...insegnanti comprese.

Come sempre in questi casi, si aspetta per vedere se è una nuvola passeggera o un temporale in avvicinamento. Col passare dei giorni, però, Valerio peggiora esponenzialmente fino ad arrivare ad aggredire fisicamente una sua compagna. Vengono convocati i genitori, una coppia da sempre considerata esemplare.

Lui veterinario, lei infermiera erano sempre stati indicati come un modello di affiatamento, di unione, di rispetto reciproco. Fino a quel momento. Li vediamo arrivare: lei col bambino per mano, con gli occhi bassi. Lui di fianco a lei, ma distante almeno un metro. Nessun contatto, né fisico, né visivo tra loro. Brutto segno, gran brutto segno. Anche se ci opponiamo, pretendono che il bambino presenzi al colloquio.

Cominciamo, nostro malgrado, ad esporre la situazione. La mamma tenta di dare una spiegazione formale (stiamo attraversando un momento difficile...), ma si vede che è in imbarazzo. Lui la lascia parlare un po', poi si gira di scatto verso di lei e con una voce gelida la apostrofa dicendole: "la smetti di berciare come una scimmia? Il suono dei tuoi versi mi irrita".

Nella stanza, l'imbarazzo diventa tangibile...Valerio scatta in piedi, stringe con forza i pugni. Guarda in basso ed è scosso da un tremore che pervade tutto il suo esserino. Alza la testa ed urla: "la mamma non è una scimmia! La vuoi smettere di trattarla male? Anzi, la volete smettere tutti e due? Dite che mi volete bene, se è vero, allora divorziate!". Il gelo scese definitivamente in quell'aula.

L'ultima parola era stata gridata con tutto il fiato che Valerio aveva in gola, poi si era accasciato sulla seggiolina, senza forze.
"Ma Valerio, cosa dici? Mamma e papà stanno insieme per te, per darti una famiglia". Singhiozzando, Valerio risponde: "non mi serve una famiglia finta, dove mamma e papà si odiano. Dove non c'è più amore. Dove non si sta più bene, dove non c'è più rispetto, ma solo litigi e parolacce...e dove dite pure che lo fate per me. Non fatelo, allora. Vi preferisco lontani e felici".

SEGRETO n. 1: non fingete un legame che non c'è più davanti ai bambini. Loro "sentono" il cambio dei vostri sentimenti reciproci.

Il bambino, ovviamente, aveva intuito, ma non capito appieno, ciò che era accaduto. Papà, in studio, aveva conosciuto una donna e si erano innamorati. Aveva confessato tutto alla moglie e, pensando di far bene, avevano anteposto Valerio alla separazione.

Lui aveva accettato di buon grado, ma alla nuova compagna questa situazione da "ruota di scorta" non andava bene e litigava con lui, il quale portava il nervoso a casa, luogo ormai per lui mal tollerato, e lì litigava con la moglie. Il peso della situazione, a questo punto, si ribaltava su Valerio, spettatore inconsapevole, che reagiva come poteva.

SEGRETO n. 2: spiegate sempre a vostro figlio cosa gli accade intorno. Deve poter capire per poter fronteggiare il dolore (e lo stress).

E' ovvio ed anche un po' datato pensare che ci sia qualcosa che un bambino non possa capire. In realtà, molte volte, siamo noi adulti che rifuggiamo dal tentare anche solo di spiegare, perché ci sembra di non essere in grado e facciamo un ragionamento inconscio totalmente sballato: se io non sono in grado di spiegare, lui non è in grado di capire.

In realtà, Valerio aveva capito buona parte della situazione ed aveva addirittura suggerito loro la soluzione. Nella sua semplicità aveva analizzato la situazione così: è successo qualcosa, che non so, che ha fatto allontanare mamma e papà. Loro non sono più felici, non si vogliono più bene (anzi, si fan proprio del male), ma dicono di volerne a me.

Allora, se vogliono bene a me, ma non si vogliono bene tra di loro, perché restano insieme? Valerio era sicuro di essere amato dai suoi genitori, ma aveva capito che un equilibrio si era rotto. Ne stava soffrendo moltissimo, ma non riuscendo a padroneggiare la situazione, aveva trasformato lo stress e il dolore in rabbia, rabbia che aveva sfogato a scuola, l'altro suo ambiente quotidiano.

Quella che seguì fu una lunga serata di spiegazioni, di pianti liberatori e di progetti. I genitori di Valerio si separarono e poi divorziarono ed infine convolarono a nuove nozze entrambi, col tempo. Testimoni per ognuno di loro furono Valerio, presente l'ex coniuge. Ritrovarono un equilibrio, Valerio non fu mai un pacco sballottato tra due genitori in lite perenne ed in ripicca sempiterna. Fu sempre il figlio amatissimo di una ex coppia che si era amata.

SEGRETO n. 3: non sottovalutate mai l'importanza del dialogo. Esso risolve una miriade di situazioni.

Non pensate mai di non essere in grado di parlare a vostro figlio. L'importante è parlare semplicemente, dove con "semplicemente" si intende con parole semplici, senza paroloni o arzigogoli, senza fronzoli e senza giri di parole. Vostro figlio potrà avere una reazione rabbiosa, aggressiva, comprensiva, amorevole o chissà quale altra, ma una cosa è certa: sarà stato messo in grado di capire e, col vostro aiuto, di metabolizzare e, col tempo, di guarire.

Per un minore, che nella famiglia ha tutto il suo mondo, è importante poterci contare in modo costruttivo. Non mostratevi perfetti, mostratevi pure umani, ma evitate il più possibile di essere rancorosi, vendicativi, rabbiosi verso l'altro genitore. Minate la loro fiducia, il loro bisogno di affidarsi totalmente a voi. Avranno un esempio di vita di coppia fuorviante e non veritiero.

Se è vero che le coppie da pubblicità non esistono, che viviamo tempi bui, dove anche il sorriso è spesso un lusso, altrettanto vero è che la vita di coppia non è un susseguirsi di azioni, giornate e situazioni negative. Cercate sempre, il più possibile, di essere equilibrati.

A volte però i genitori, grazie a una diversa serie di circostanze, sono favoriti nel gestire questo tipo di situazione. Eccovi la seconda storia, ma prima...passatemi una coperta. Anche se siamo davanti a un falò, la notte avanza ed il freddo comincia a pungere un po'.

No alla mancanza d'amore (basta con 'sta commedia, disse, fraintendendo tutto, la vicina...)

Valeria è una bella bambina bionda. Frequenta la terza elementare, va a lezione di danza ed è la bambina più sorridente e serena dell'universo. Educata, studiosa, rispettosa, costruttiva nei rapporti con gli altri, mette pace ovunque ci sia un litigio o anche solo uno screzio. Insomma, una perla rara.

Ai colloqui viene sempre la mamma, impiegata in uno studio medico poco lontano. Il papà, mai visto. Un giorno, un bimbo le dice: "ma tu, ce l'hai il papà? Non lo vediamo mai...sarai mica orfana? Perché se ti serve un papà, ti presto il mio". Lei, sempre sorridente e senza scomporsi, risponde: "Sì sì, ce l'ho il papà... ma lavora fuori città e torna solo il venerdì sera e riparte poi il lunedì mattina presto. E' per quello che non lo vedi mai".

Al primo colloquio raggiungibile, raccontiamo alla mamma l'accaduto e le chiediamo dove lavori il marito. Lei ci sorride e risponde che il marito vive in un paese e lavora in una fabbrica a circa 70 km, ma che non è per questo che rientra a casa solo il venerdì. Ci racconta che circa quattro anni prima, si erano separati.

Non c'erano stati tradimenti o incompatibilità strane. Semplicemente, un giorno avevano capito che si volevano bene, ma non si amavano più, ma si erano altresì resi conto che amavano tantissimo Valeria. Piuttosto che trascinare un rapporto finito, avevano deciso di separarsi. Senza fretta, avevano messo in cantiere una soluzione quasi perfetta.

Lui cominciò a cercare un lavoro fuori città. Dopo circa sei mesi lo trovò e mise su casa vicino al nuovo posto di lavoro. Lei spiegò alla bambina che il papà andava a lavorare lontano, ma che ogni venerdì sarebbe stato a casa con loro. Cominciò così un tran tran dove il fine settimana era dedicato a Valeria: la portavano in giro, giocavano con lei, guardavano insieme i suoi quaderni, facevano i compiti e le vacanze insieme.

A volte la mamma non andava con loro perché "era stanca" e Valeria godeva della compagnia del suo papà. La crescevano felice e serena, senza tensioni apparenti, e di questo erano felicissimi. Avevano deciso che glielo avrebbero detto a quattordici anni, preparando pian piano il terreno prima.

Purtroppo, le cose non andarono lisce fino in fondo. Una premurosa vicina, quando Valeria frequentava ormai la quinta, vedendoli uscire tutti e tre insieme durante un weekend, commentò ad alta voce: "ma ancora andate avanti con 'sta commedia? Tanto lo sanno tutti che siete separati!". Il mondo di Valeria crollò in un istante! Come separati? Che significa? Perché?

La mamma ci racconterà della reazione rabbiosa della bambina con tanto di pianto inarrestabile, della voglia del papà di prendere a sberle la vicina, dell'urgenza di rispondere alle domande di Valeria. Dopo averle asciugato le lacrime ed ascoltato il suo rabbioso sfogo doloroso, si sedettero per terra, sul tappeto del soggiorno e parlarono...le dissero che sì, era vero.

Erano separati da un po' di tempo. Si erano decisi a farlo quando si erano accorti che si volevano solo bene, ma non si amavano più. Avevano entrambi, però, un grande amore che li univa ancora, un dono prezioso a cui dovevano a loro volta donarsi, un esserino a cui pensare: lei, Valeria. Volevano che crescesse comunque in un ambiente sereno, che fosse una bambina felice, che fosse sempre ed in ogni caso un'espressione del loro amore, non un'arma di ricatto o un pacco postale da rimpallarsi.

"Hai presente, Vale, quei tuoi due compagni che dici sempre che van su e giù da una casa all'altra e son sempre nervosi perché vedono i loro genitori litigare o gareggiare a fare il regalo più grosso o a dargli la paghetta più consistente?". Ecco, noi abbiamo evitato tutto questo. Abbiamo preferito gesti d'amore a gesti materiali, serenità ai litigi, tranquillità alla tensione, dialogo alle discussioni.

Abbiamo preferito non compensare i nostri sensi di colpa con regali costosi che lasciano il tempo che trovano e che non riempiono il vuoto più importante: la mancanza d'amore. Anche perché noi continuiamo a volerci bene e a volere solo il tuo bene.

Il rapporto che abbiamo vissuto in questi anni non era finto, non abbiamo recitato. Era solo diverso dal solito. Non ci è pesato stare insieme nei weekend perché ogni nostro gesto nasceva dall'amore per te". Valeria incassò la spiegazione e chiese di poter andare in camera sua a pensare.

Qualche ora più tardi dirà ai suoi genitori che era loro riconoscente, che non avrebbe potuto avere due genitori migliori. Valeria aveva capito la grande maturità dei suoi genitori: sul momento, si era sentita presa in giro, vittima di una finzione, di una "commedia". Poi aveva capito: i suoi avevano superato, con determinazione, costanza, coerenza e impegno una bella dose di difficoltà mettendo al centro delle loro vite lei.

Avevano pianificato un'infanzia serena per la figlia. Le loro discussioni, se c'erano state, erano state improntate alla costruttività, non alla ripicca o all'accaparramento dell'affetto della figlia. Un ragazzino che aveva avuto una storia simile a quella di Valeria, presentando i suoi genitori agli insegnanti avrebbe detto: *"Ecco i due avversari che mi hanno generato".*

Valeria, qualche tempo dopo, presentandoci il papà, dirà orgogliosa: *"maestri, lui è il mio papà, una delle due persone più importanti della mia vita"*. Decisamente meglio, non credete?

SEGRETO n. 4: con determinazione, costanza, coerenza e impegno si possono affrontare situazioni pesanti. Il minore dev'essere sempre messo costruttivamente al primo posto.

Aggiungerei anche l'obiettività, ma dall'interno del proprio vissuto è difficile essere obiettivi. In definitiva, ci sono situazioni non generalizzabili che sono difficilissime da gestire. I due casi sopra riportati lo dimostrano. Quindi, non c'è e non ci può essere una soluzione in stile bacchetta magica che valga per tutti.

L' unico punto sul quale vale la pena di investire è il benessere del minore. Noi adulti possiamo anche scannarci, ma abbiamo il dovere di occuparci e di preoccuparci di spiegare, motivare e rassicurare il minore, anche davanti a una separazione non amichevole. Così come non dobbiamo usarlo come merce di scambio o arma di ricatto. Un figlio non è un tavolo antico o un gioiello che bisogna decidere "a chi tocchi" averlo, è una persona con sentimenti, paure, ansie e soprattutto...è una persona che merita rispetto, amore e certezze. Merita di essere sostenuto in una fase di transizione in cui la sua vita cambierà per sempre, merita di essere rassicurato che continuerà a essere amato, merita un gioco costoso in meno ed un caldo abbraccio gratuito e inaspettato in più.

Se pensate di poter mettere da parte ripicche e vendette, sappiate che siete degli splendidi genitori. Se invece avete paura di cadere in una spira di azioni negative, non esitate a chiedere aiuto a chi ne sa più di voi. Uno psicologo, uno psicoterapeuta sono persone che hanno studiato per aiutare proprio in situazioni di grande stress, dove il non saper pensare a che fare, fa rima col non saper interagire.

Chiedere aiuto non è mai un atto di debolezza, bensì di consapevolezza dei propri limiti. E sarete anche voi degli splendidi genitori, perché avrete messo da parte voi stessi, le vostre fragilità, le vostre imperfezioni, in nome di vostro figlio.

Vedo degli scettici...dimmi: vuoi sapere se io che parlo tanto sono mai andata dallo psicologo? Altroché, ci vado da tempo e credo ci andrò ancora a lungo e gran giovamento che ne ho tratto finora. Davvero. La vita maltratta tutti, a diversi livelli ed in diversi modi...non facciamoci sopraffare. Cerchiamo riparo e rifugio, è meglio e soprattutto è costruttivo.

SEGRETO n. 5: non atteggiatevi a supereroi. Se non ce la fate, chiedete aiuto. Chiederlo non è essere deboli, è essere ben coscienti dei propri limiti. È la vera forza.

Ricordatevi sempre che vostro figlio è un essere prezioso. Rappresenta il futuro di ognuno di noi e si merita ogni possibilità di crescita serena. Diciamo quindi con convinzione:
Sì alla costruttività! Sì ai rapporti veri! Sì all'aiuto esterno (quando serve, serve...).

Facciamo un attimino di pausa: mentre rinvigoriamo il fuoco del falò, io metto su il caffè: ci sono ancora molte cose da dire, ma per dirle bisogna essere svegli.

RIEPILOGO DEL CAPITOLO 3:

- SEGRETO n. 1: non fingete ciò che non c'è più davanti ai bambini. Loro "sentono" il cambio dei vostri sentimenti reciproci.
- SEGRETO n. 2: spiegate sempre a vostro figlio cosa gli accade intorno. Deve poter capire, per poter fronteggiare il dolore (e lo stress).
- SEGRETO n. 3: non sottovalutate mai l'importanza del dialogo. Esso risolve una miriade di situazioni.
- SEGRETO n. 4: con determinazione, costanza, coerenza ed impegno si possono affrontare situazioni pesanti. Il minore dev'essere sempre messo costruttivamente al primo posto.
- SEGRETO n. 5: non atteggiatevi a supereroi. Se non ce la fate, chiedete aiuto. Chiederlo non è essere deboli, è essere ben coscienti dei propri limiti. È la vera forza.

Capitolo 4:
Minimizzazione e rifiuto

A volte gli adulti mi sorprendono in negativo: sembrano infatti aver dimenticato cosa significhi essere bambino. Eppure, per poter diventare adulti, siamo stati tutti necessariamente bambini. Ecco che però, una volta diventati adulti ed infilati negli ingranaggi della vita, ci ritroviamo a pensare all'infanzia come una sorta di periodo dove tutto era semplice, facile, spensierato...svegliaaaaa!

Non era affatto così...è solo che non ricordate più quanta fatica e quanto impegno ci mettevate per raggiungere un risultato. Quante ore avete passato a cercare di ricordare come si leggessero quei segni astrusi che la vostra maestra chiamava "letterine" e quante lacrime avete versato ripetendo per ore le tabelline o i verbi?

Ah, adesso cominciate a ricordare...non ci pensavate più, eh? Certo, adesso è un automatismo, ma allora non lo era proprio per niente! E, ditemi, ricordate quando avete chiesto aiuto ad un adulto e questi ha minimizzato il vostro problema rendendolo ridicolo? Vi è capitato? E non ci siete rimasti male? E se ne avete sofferto, perché adesso fate lo stesso coi vostri figli? Dite di no? Sicuri? Vediamo la storia.

No al supporto emotivo (questi mica son problemi... ne avrai di veri nella vita...)

Caterina fa prima elementare e ha una amichetta del cuore, Miriam. Miriam appartiene ad una famiglia non proprio agiata, anzi diciamo pure povera. Rendendosene conto, sfoga ogni tanto la sua frustrazione perché non ha il giochino di grido, il vestitino all'ultima moda o lo zaino firmato, facendo dei piccoli dispetti risultando un po' antipatica a molti compagnetti.

Un giorno, Miriam regala a Caterina un braccialetto fatto da lei, di quelli con le perline multicolori. Caterina è felicissima, mostra a tutti con orgoglio il suo braccialetto, regalo della sua amica Miriam. Il giorno dopo, Miriam glielo chiede indietro. Caterina tergiversa un po': a lei quel braccialetto piace tanto, e poi è un regalo ed i regali non si chiedono indietro. Miriam è irremovibile: lo rivuole e basta. Poche storie: lo ha fatto lei e lo rivuole indietro. Caterina viene da me in lacrime: "Maestraaaaa, Miriam rivuole il braccialettoooooo".

Intervengo, spiego a Miriam che non è carino chiedere la restituzione di un regalo, che Caterina ci tiene perché lei è sua amica e quel bracciale è un segno di amicizia ed affetto. Miriam non vuole sentir ragioni. In un attimo, strappa l'oggetto del contendere dalle mani dell'amichetta e rompe il gancetto. Le perline cominciano a rotolare per tutto il corridoio. Miriam, trionfante, dice: "adesso fattelo tu".

Caterina scoppia in lacrime, ed a nulla valgono le mille rassicurazioni ed i rimproveri rivolti a Miriam. Il braccialetto era andato in pezzi. Il cuore di Caterina era andato in pezzi con esso. Voi direte: per un braccialetto da pochi centesimi? No, per ciò che esso rappresentava per Caterina.

Nel tardo pomeriggio, incontro Caterina e la nonna. Le chiedo se la bambina le avesse raccontato l'accaduto. La signora mi risponde: "Si, si Caty mi dice sempre tutto...ma è una cosetta senza importanza. Glielo dico sempre: aspetta di crescere e vedrai che questi non sono mica problemi! I problemi veri sono avere un lavoro per garantirsi un letto, un tetto ed un piatto pieno...degli amici, se ne può fare a meno...specialmente se son poveri. Son solo invidiosi e pronti a farti del male!".

Non so voi, ma io, da questo discorsetto, rimasi a dir poco inorridita. Un miscuglio di crudeltà, malafede ed indifferenza allarmante. Vediamo perché. Innanzitutto:
1. indifferenza al problema del minore e sua minimizzazione;
2. denigrazione del meno abbiente e sua bollatura come "inutile";
3. svalutazione e svilimento di valori positivi fondamentali quali l'amicizia e il rispetto reciproco.

Ora, partiamo da un presupposto: i problemi non sono mai "piccoli", son sempre commisurati all'età...o quando facevate le elementari, il vostro insegnante di matematica vi dava le equazioni da risolvere? Non credo...vi avrà dato, da risolvere, un problema adeguato al vostro livello e voi avrete sudato freddo per cercare di risolverlo correttamente. Nel quotidiano, non credo che a sei anni abbiate proposto un emendamento riguardante la legge di stabilità...Quindi, perché ora sminuite, minimizzandoli, i problemi quotidiani dei vostri figli?

SEGRETO n. 1: non sminuite i problemi dei vostri bambini. Se si rivolgono a voi, è perché hanno bisogno di afferrare la vostra mano, non di trovarvela in tasca e magari il vostro viso rivolto altrove.

Un bambino che cerca aiuto in un adulto già sa di non essere in grado di risolvere la situazione da solo. Ritiene, però, di sapere a chi doversi rivolgere: all'adulto più vicino del suo mondo. Solo che l'adulto in questione, invece di porsi all'ascolto, lo umilia sminuendo il suo problema. Invece di aprire un dialogo costruttivo, ascoltando, sviscerando il problema e 'guidandolo verso una ragionata soluzione o presa d'atto, lo liquida come irrilevante, come se fosse senza importanza.

Caterina avrebbe avuto bisogno di qualcuno che consolasse il suo dolore, che capisse che le sue lacrime non derivavano solo dal braccialetto rotto, ma anche e soprattutto dal dispiacere di vedersi rivoltare l'amica contro. Un'amicizia di cui lei andava orgogliosa, a cui lei teneva molto. Invece sua nonna, lungi da ciò, oltre a sminuire il problema, sminuisce l'amicizia come valore. Essa non serve, a meno che l'amico non sia ricco. L'amico povero non va bene...

Ricordiamo che, se tutti abbiamo avuto amicizie rivelatesi "sbagliate" nella vita, tutte le altre non sono "servite" solo a meri scopi materiali, ma anche a farci stare bene in molte situazioni, quali il conforto ed il supporto emotivo in situazioni dolorose o difficili, il rilassarsi in compagnia, la condivisione di un momento felice o di un traguardo raggiunto, il chiedere consiglio...tutte cose alle quali il benessere economico o lo status sociale sono totalmente estranee.

Tutte cose in cui il necessario è rappresentato da cuore e buon senso, oltre che a una buona dose di affinità. L'insegnamento impartito quel giorno a Caterina negava tutti quelli che sono i principi dell'educazione alla affettività, riducendola a mero opportunismo. Inoltre, svilire un sentimento importante quale l'amicizia porta inevitabilmente alla mancanza di rispetto verso l'altro. Il discente farà un semplice ragionamento: se l'altro non mi serve, allora posso fargli quello che voglio. Tanti primi, piccoli atti di bullismo e di prevaricazione partono proprio dallo svilimento della sfera emotiva dell'altro come meno importante, come non degna di rispetto.

SEGRETO n. 2: svilire l'altro come indegno di amicizia e rispetto per ragioni economiche o di status sociale, lo riduce a "soggetto debole", cosa che può sfociare in piccoli atti di bullismo.

Il bullismo può nascere anche da una situazione di rifiuto. Vediamo come.

No all'aiuto (non è cosi, siete voi che non avete voglia di lavorare).

Mattia frequenta la terza elementare. Scrive ancora in stampatello maiuscolo. Si comincia a sospettare che possa esserci un problema, magari non di dislessia o disgrafia, ma comunque un problema. Mattia è comunque svogliato, sembra non capire alcune consegne né riesce a metterne due o tre collegate, in sequenza logica (per intenderci: apri l'astuccio – prendi la penna blu – metti la data sul quaderno).

Chiamiamo i genitori. All'appuntamento si presenta solo il padre. "Basto io, mia moglie non ha tempo da perdere", afferma con strafottenza. La mia collega comincia ad illustrare le problematiche del bambino e propone al genitore di attivarsi per verificare che non vi sia un problema.

Gli illustra cosa accadrebbe se lo specialista facesse una diagnosi (si attiverebbe un piano di studi personalizzato, un percorso all'Asl con test periodici per verificare progressi o "aggiustare il tiro", laddove se ne ravvisasse la necessità).

Il padre ascolta e poi afferma: "E' evidente... è proprio evidente. Voi non avete voglia di lavorare e vi inventate che mio figlio ha dei problemi per farmi spendere dei soldi e farmi sentire in difetto. Volete farmi credere che mio figlio ha dei problemi che non ha. Cosa pensate? Che a un genitore faccia piacere sentirsi dire certe cose?". La mia collega ribadisce che anche lei è un genitore, ma obietta che di fronte a questo discorso avrebbe messo in tasca l'orgoglio ed avrebbe pensato al bene di suo figlio.

Apro una parentesi: se noi come team non avessimo avuto voglia di lavorare, avremmo portato avanti tranquillamente il gruppo di testa e lasciato indietro Mattia. Proporre un percorso di questo genere, non vuol dire affatto non aver voglia di lavorare. Vuol dire impiegare ore al di fuori del proprio orario (sottraendolo perciò alla vita privata) per la compilazione di documenti, la redazione di interminabili e dettagliate relazioni, colloqui con psicomotricisti, logopedisti e altri specialisti ed infine la semplificazione di ogni attività proposta al gruppo classe e studiata apposta per quel bambino.

Fa parte di quel lavoro aggiuntivo che, ovviamente, preferiremmo non avere...perché chi non vorrebbe classi con tutti bei bambini che studiano, si impegnano, che raggiungono con facilità gli obiettivi...sarebbe magnifico e gratificante! Ma ci sono anche quelli che hanno delle difficoltà che, nel limite del possibile, vanno aiutati a raggiungere comunque i loro obiettivi che saranno pure minimi... ma restano dei traguardi raggiunti, che a loro danno soddisfazione. Altro che non aver voglia di lavorare...

SEGRETO n. 3: pensate sempre nell'interesse del minore. Anche quando ciò significa mettere in tasca il proprio orgoglio. Meglio una visita specialistica inutile di un problema onnipresente non voluto affrontare a tempo e ora.

Torniamo alla storia....

Il papà di Mattia rimane un attimo interdetto, poi ci lancia addosso i fogli che gli avevamo preparato per chiedere la prima visita e afferma: "Per me finisce qui. Imparate a lavorare, non a cercare la via comoda". Detto questo, se ne va, sicuro di aver fatto gli interessi della sua famiglia.

Il giorno dopo Mattia viene a scuola carico come una sveglia: suo padre gli ha detto che le maestre lo considerano un povero stupido che aveva bisogno di aiuto. La sua reazione? Vuole dimostrarci di essere "grande" come gli altri. Cosa fa? Comincia a vessare i più piccoli: ad uno fa uno sgambetto, ad un altro butta la merenda, ad un terzo strappa un disegno. Il tutto condito da matte risate davanti ai pianti disperati dei bimbi più piccoli. Al primo richiamo, lui fa spallucce. Al secondo, fa volare i giochi in corridoio. Al terzo...sbotta in una crisi di rabbia con tutto il corredo in allegato: urla, digrignata di denti, pianti inarrestabili, isterismi ed una frase, ripetuta ossessivamente, quasi un grido di dolore: "Io vi voglio bene... perché mi trattate male?". La ferita era stata inferta profondamente e con molta noncuranza.

SEGRETO n. 4: negare un aiuto a vostro figlio, sfogando però su di lui rabbia e frustrazione, lo confonde e lo disorienta. La voglia di rivalsa può far sfociare il suo comportamento in atti di bullismo.

Il comportamento scellerato del papà di Mattia aveva fatto danni enormi. Mattia visse molto male i due anni di scuola primaria che ancora doveva frequentare. Alle medie divenne diffidente e continuò a commettere atti di bullismo via via sempre più violenti e pesanti.

Il padre e la madre si convinsero che la colpa era della scuola che non aveva riconosciuto il figlio per ciò che era (cioè un bambino perfetto, molto sensibile e, ovviamente, incompreso) e pian piano lo abbandonarono al suo destino, alzando le mani davanti a ogni protesta e rifiutando ogni aiuto venisse loro offerto.

Mattia ormai è un giovanottone colmo di rabbia e dolore. Qualche mese fa, la mia collega di allora, incontrandolo in un centro commerciale, si informò con gentilezza su come stesse, su che cosa facesse. Lui, dapprima rispose a monosillabi quasi non udibili, con uno sguardo sfuggente al limite della baldanza, poi le chiese: *"come mai ti ricordi ancora di me?"* e lei, con delicatezza, rispose: *"non c'era modo di dimenticarti"* e gli allungò una carezza. Lui chinò il viso verso quella carezza, gli occhi diventarono lucidi per un attimo, poi disse, prima di scappare via: *"Mi vuoi bene. Grazie"*.

SEGRETO n. 5: il "bullo", a volte, nasconde una grande fragilità emotiva e diventa carnefice dopo essere stato vittima. Cerchiamo di dialogare il più possibile ed evitare di negare un aiuto fattivo nascondendosi dietro orgoglio o pregiudizi che poco hanno di costruttivo.

In definitiva, quando i nostri bambini hanno un problema, non è mai bene svilirlo o sminuirlo, in quanto il problema va sempre rapportato e adeguato all'età. Atteggiamento più utile è il dialogo, il prendere per mano il bambino rassicurandolo e facendogli esporre questione e sentimenti a riguardo per poi guidarlo nella risoluzione dello stesso.

Altra cosa importante è non svilire, oltre al problema, l'affettività facendo passare messaggi in cui "l'altro" è il diverso, il debole, colui che non merita credito o rispetto in virtù di vere o presunte situazioni sociali come la povertà o la non utilità. Sminuire una persona rendendola perdente, indegna di rispetto la espone a essere, da parte del nostro minore, oggetto di atti di bullismo che possono aggravarsi col tempo.

Piaga dei nostri giorni, esso nasce talvolta proprio dalla percezione dell'altro come di un essere inferiore, indegno di sentimenti positivi e di rispetto. Questo rende debole anche il nostro minore che, credendo di poter risolvere tutto con la vessazione, svilupperà una fragilità interiore emotiva che lo renderà a sua volta debole e facile preda di un soggetto più forte.

Altro punto importante è l'accettazione del proprio figlio con tutti i suoi pregi, ma anche e soprattutto coi suoi difetti. La scuola non ha molti strumenti per aiutare gli alunni ma, normalmente, li utilizza tutti pur di dare a tutti una mano concreta.

Rifiutare un aiuto che arriverebbe da personale specializzato è un po' come chiudere le imposte quando i rami portati da un forte vento hanno già rotto i vetri. Potremo anche aver evitato che la tempesta entrasse in casa, ma i vetri restano rotti ed avremo comunque bisogno dell'aiuto di un vetraio.

Rifiutare di vedere un problema, anzi sfogare sul figlio la propria frustrazione, porta il minore a sentirsi rifiutato, inadeguato e, a sua volta, sfogherà la sua rabbia su terzi. Sarà sensibile al gesto d'affetto, anche perpetrato da un "estraneo", proprio per il rifiuto che vive in casa dalla parte genitoriale.

Se il gesto d'affetto viene da un estraneo conosciuto, può anche avere influssi positivi, ma se arrivasse da un predatore si potrebbe arrivare a scenari al limite della delinquenza. Ricordate sempre il grande valore del dialogo e soprattutto dell'ascolto.

Tante volte, ascoltare un bambino può essere di una noia mortale ma quanti problemi si possono individuare sul nascere? Della noia ne parleremo tra poco. Nel frattempo, diciamo sempre con forza e convinzione: Si al dialogo! Si all'ascolto! Si all'accettazione del bambino in toto! Si all'aiuto fattivo!

RIEPILOGO DEL CAPITOLO 4:

- SEGRETO n. 1: non sminuite i problemi dei vostri bambini. Se si rivolgono a voi, è perché hanno bisogno di afferrare la vostra mano, non di trovarvela in tasca e magari il vostro viso rivolto altrove.
- SEGRETO n. 2: svilire l'altro come indegno di amicizia e rispetto per ragioni economiche o di status sociale, lo riduce a "soggetto debole", cosa che può sfociare in piccoli atti di bullismo.
- SEGRETO n. 3: pensate sempre nell'interesse del minore. Anche quando ciò significa mettere in tasca il proprio orgoglio. Meglio una visita specialistica inutile di un problema onnipresente non voluto affrontare a tempo ed ora.
- SEGRETO n. 4: negare un aiuto a vostro figlio, sfogando però su di lui rabbia e frustrazione, lo confonde e lo disorienta. La voglia di rivalsa può far sfociare il suo comportamento in atti di bullismo.
- SEGRETO n. 5: il "bullo", a volte, nasconde una grande fragilità emotiva e diventa carnefice dopo essere stato vittima. Cerchiamo di dialogare il più possibile ed evitare di negare un

aiuto fattivo nascondendoci dietro orgoglio o pregiudizi che poco hanno di costruttivo.

Capitolo 5:
Noia e dolore

Vi sto annoiando? No? Lo spero, anche perché adesso parleremo proprio della noia! La noia, in questo caso, intesa nella peggior accezione possibile: quella di un genitore che si annoia proprio a fare il genitore! Già perché alcuni genitori sono insofferenti al proprio ruolo. Come ho già detto, diventare genitore è una mera azione biologica. Essere genitore è la vera sfida.

Avere un figlio non è come comprare un bambolotto che quando ci si stanca di giocarci lo si butta in un angolo in attesa che ci ritorni la voglia. Un figlio vi cambia orari, abitudini, ha necessità talvolta non procrastinabili. Un figlio vi trasforma. Cambia voi e la vostra vita. Cambia il vostro rapporto di coppia. Se non siete disposti ad accettare un cambiamento a dir poco radicale della vostra giornata, datemi retta, non fatelo. Se non siete disposti a occuparvene, non fatelo.

SEGRETO n. 1: un figlio è un impegno costante, ogni giorno della vostra vita, per tutta la durata della vostra vita.

Il tutto senza sconti. Senza offerte speciali. Dal momento della sua nascita al momento della vostra morte, costantemente, ogni momento, secondo, minuto, ora, giorno, mese, anno. Per sempre. Perché vi dico tutto questo? Vediamo la storia.

No all'ascolto (tesoro, non ho tempo adesso…)

Martino frequenta la quarta. A guardarlo, si direbbe appartenere ad una famiglia disagiata. Trasandato, sporco, capelli lunghi lavati di rado. Studia poco, niente che gli interessi. Tutto gli scivola addosso, come se fosse senza importanza. Nei suoi grandi occhi nocciola non balena mai un guizzo di gioia a dar loro vita, mai un sorriso riesce ad incresparne le labbra.

Ma che famiglia ha Martino? Innanzitutto, monoreddito. La mamma lavora duramente in un supermercato, dà la disponibilità a turni anche nei festivi, a Natale, a Pasqua o altre feste pur di portare più soldi a casa. Il marito, invece, fa ciò che i ragazzi di oggi chiamano "divaning", cioè il far nulla mettendosi comodi.

Passa le sue giornate tra tv e bar. Ogni tanto, qualche parente mosso a pietà, gli fa avere qualche euretto per Martino ma lui li spende in sigarette e macchinette. Evento centrale e unico delle sue giornate: venire a prendere Martino a scuola all'ora di pranzo per risparmiare il buono-pasto. Il bambino però, una volta arrivato a casa, deve scaldare il pranzo (che la mamma ha lasciato pronto) per sé e per il padre e deve poi sparecchiare e lavare i piatti prima di tornare a scuola e tutto questo in un'ora e dieci minuti.

A tavola, Martino cerca di raccontare al padre la sua giornata, ma lui alza il volume della tv per non sentirlo. La mamma arriva a casa alla sera stravolta dal lavoro e liquida sistematicamente la voglia di parlare di Martino con un: "Marty, dai, la mamma è stanca. Mi racconti tutto un'altra volta, ok? Non ho voglia di ascoltarti adesso...". Martino, avvilito, ripiega in camera sua e, prendendo esempio dal padre, si butta sul divano-letto a dormire.

Avete mai visto, più o meno un lustro fa, il video di "Papaoutai" del cantante belga Stromae? Ve lo consiglio, anche se non parlate una parola di francese. In quel video, il bambino protagonista cerca di interagire col padre come fanno gli amichetti vicini di casa che vede ballare, lavorare, essere sgridati, giocare coi propri padri. Il padre è del tutto indifferente a lui e a ciò che fa.

Lui cerca di interessarlo: canta, prepara il pranzo, gli tira il pallone, gli fa la doccia, gli lava la macchina…ma niente. Nessuna reazione. Ci prova molte volte, in molti modi. Alla fine, forse per schermarsi da tanta indifferenza che gli genera sofferenza, prende l'unica decisione possibile: diventa indifferente a tutto come il padre.

Martino è in una situazione molto simile: cerca di interagire con i suoi famigliari, di coinvolgerli nella sua vita, ma si scontra con la loro indifferenza, la loro noia di essere genitori. Il bambolotto si è rotto, non è più né piccolo da coccolare, né bello, né è facile giocarci, meglio disinteressarsene e se ne disinteressano entrambi, in modi diversi, ma a complessivi 360°.

SEGRETO n. 2: i figli si nutrono non solo di cibo, ma anche del nostro esempio, positivo o negativo che sia.

Entrambi i genitori danno esempi negativi: oltre ai succitati, non si vedono mai ad un colloquio, mai un voto firmato, mai un complimento o un rimprovero per un risultato raggiunto o mancato. Quando si chiede a Martino cosa abbiano detto a casa di questo o quello, lui risponde sempre: "niente" sottolineandola la parola con una scrollata di spalle.

Un giorno Martino falsifica la firma su una verifica. Me ne accorgo e parte subito il discorsone sulla gravità del gesto, sul fatto che da adulti è un reato che può portare alla prigione e che io l'ultima cosa che voglio per i miei alunni è saperli in galera. Mi accaloro sempre durante questi discorsi, la legalità per me non è un optional.

Scrivo una comunicazione sul diario, convoco per un colloquio (richiesta che, ovviamente, cadrà nel nulla). Vedendo e leggendo ciò, Martino per un attimo trasalisce, poi riprende la sua espressione vacua e la sua postura rassegnata. Qualche giorno più tardi, lui mi viene vicino. "Maestra – mi dice – ho pensato una cosa". "Dimmi, Martino". "L'altro giorno, quando mi hai sgridato, mi hai fatto capire una cosa, una cosa importante che non sapevo". "Ah sì? E che cosa?". "Che c'è qualcuno a cui può importare di me. Trovo solo strano che questo qualcuno non sia la mamma".

A quel punto, mette una mano in tasca e tira fuori un piccolo pandoro, di quelli che costano pochi centesimi. Me lo porge e mi dice: "Per te. Perché ti importa di me". Ero esterrefatta. Avevo aperto la mia personale breccia di Porta Pia. Peccato che fosse troppo tardi. Come il bambino di "Papaoutai", Martino ora assomiglia ai suoi genitori.

Quell'emozione positiva è stata prontamente stroncata dai suoi, che l'hanno bollata con un sapiente: *"Ma cosa vuoi che le importi di te? Sei solo un allievo! Finita la quinta non saprà più neanche chi sei!"*. Spero sempre che incontri qualcuno che lo scrolli, che sappia far leva sul suo bisogno di considerazione, ma più il tempo passa, più il guscio si fa spesso e sarà sempre più difficile aprire un'altra breccia.

SEGRETO n. 3: i nostri figli si nutrono non solo col cibo e con l'esempio, ma anche con le emozioni, quelle positive che ti

riempiono l'anima e rivolgono mente e cuore al futuro.

Martino è alle medie, adesso. Deve scegliere la scuola superiore ma non sa cosa scegliere, perché niente lo interessa davvero. Ha chiesto ai suoi che lo hanno liquidato con un: "*A scuola devi andarci tu, mica noi. Fai un po' cosa vuoi*". Il suo ancora indistinto futuro si è già tinto di un tristissimo grigio indifferenza.

Martino vive un torto generato dall'indifferenza, indifferenza che lo ha a lungo ferito prima di trasformarlo a sua volta in un essere indifferente a tutto, ma la sofferenza inflitta inutilmente? Dove la mettiamo? Già perché vi è ancora un grande, grandissimo, enorme torto di cui parlare: l'inflizione del dolore.

Alcuni genitori, infatti, ritengono che "responsabilizzare" faccia rima con "sopperire alle mie mancanze da adulto" e con "gli faccio fare ciò che non voglio fare io", noncuranti del dolore che infliggono al bambino. Ebbene…rullo di tamburi…non è proprio così. Anzi, non lo è proprio per niente. Responsabilizzare significa indurre, abituare per gradi a comportamenti sociali utili e pratici, ma sempre in modo adeguato all'età.

Un bambino non può e non deve portare i pesi degli adulti. Perché? Ma perché è un bambino! E un bambino non è un bonsai di adulto. Ha esigenze specifiche e tempi di apprendimento e consolidamento (in qualunque campo) che sono assolutamente da rispettare!

Tornate un momento con la mente alla vostra infanzia: cosa vi facevano fare i vostri genitori quando eravate a casa da scuola? Indovino: rifacevate il letto, portavate il cane a spasso, lavavate la macchina, apparecchiavate la tavola (uh, se ci penso, sento ancora mia madre che mi urla dietro come e dove si mettono le posate!), stendavate e stiravate i fazzoletti e gli asciugamani piccoli (le camicie ed i capi difficili sarebbero venuti più avanti).

Che sapore questi ricordi, vero? Chissà perché adesso, in un delirio di "adultismo", togliete l'infanzia ai vostri figli…

No alla crescita forzata (la vita è sofferenza e sacrificio, imparalo subito)

Gianna è la primogenita di tre figli. Ha nove anni ed è una bella brunetta tutto pepe. Sempre rispettosa, è una di quelle bambine che noi chiamiamo "affidabili", cioè mature per la loro età. La sua mamma sta aspettando il quarto figlio ed è ormai questione di poco.

Dopo la nascita di Michela, Gianna si incupisce improvvisamente. All'inizio si pensava fosse un po' di gelosia per tutto il clamore suscitato in casa dall'arrivo della neonata, ma una mattina succede un fatto eclatante. La mamma accompagna Gianna a scuola e porta con sé la neonata per presentarla a noi insegnanti.

Dopo qualche convenevole, la signora dice: "adesso compreremo anche la macchina nuova, perché su questa non ci stiamo più!". Al che, Gianna esplode in un rabbioso: "eh già! Adesso si compra la macchina nuova! Ha sette posti: uno per papà, uno per mamma, uno per ognuno di noi e ne resta uno libero! Dite la verità: volete fare il quinto figlio, vero? Vero? Vero? Voi fate i figli ma io li allevo! Io li cambio, Io li cullo, Io gli do da mangiare, Io corro se piangono! Ma quando gioco un po' io???".

La mamma, gelida e indifferente, risponde: "La vita è sacrificio. Imparalo subito. E sappi che noi accoglieremo tutti i figli che il Signore ci manderà. Quindi è ora che aiuti tua madre e diventi una donna". "No, no, e ancora no! Io ho nove anni, non sono ancora una donna. Sono una bambina! Voglio giocare, voglio uscire per andare al cinema con le amichette, voglio leggere, voglio poter dormire la notte".

"La vita non è divertimento. La vita è sofferenza. Il Signore vuole così e tu ti adeguerai". La mia collega, intenerita da Gianna e inorridita dalla madre interviene e dice: "Signora, tutto si può fare ma per gradi. E' un po' prematuro, ora come ora, far fare tutte queste cose a Gianna". "Maestra, ha nove anni. Non è più piccola. Deve aiutare".

"Sì, signora...ma deve fare cose adeguate ai suoi nove anni e avere il tempo di e per crescere". "A casa nostra si cresce in

fretta. Buongiorno". E se ne andò, lasciando noi di stucco e Gianna in lacrime. Col tempo i figli divennero otto, e faticosamente e rabbiosamente Gianna arrivò ai quattordici anni.

Lasciò la scuola (all'epoca l'obbligo era alla terza media) *e trovò lavoro in una fabbrica. Qualche tempo dopo, andò a vivere con una collega con la scusa che era più vicina al lavoro e i suoi non la videro più.* Anzi, dopo un po' di tempo, i suoi genitori cominciarono a dire di avere sette figli. Il rapporto era compromesso. Gianna aveva tradito ciò in cui loro credevano e avevano deciso di allontanarla totalmente, negando la sua stessa esistenza.

SEGRETO n. 4: La vita non è (solo) sacrificio. La vita è scoperta. La vita è ricerca. Non è una catena di obblighi. Diamo il giusto peso a ogni età in termini di azioni e di insegnamenti.

Quando la mia collega la esortava ad andare per gradi, aveva indubbiamente ragione. Tutti i bambini hanno un momento di sbandamento quando in casa c'è un nuovo nato, ma caricarli di pesi non loro non va bene. Sia chiaro: io sono assolutamente a favore della responsabilizzazione dei bambini, ma deve essere fatta utilizzando una cosa ormai estremamente rara: il buon senso.

Un bambino di nove anni (ma anche di sette o undici, sempre bambini sono) non può e non deve essere il sostituto dell'adulto. Gianna rivoleva la sua infanzia, ed aveva ragione. C'è una età per tutto, anche per crescere. Solo i fiori si dice che crescano senza soffrire. La sofferenza colpisce tutti nell'arco della vita, perché inasprire prematuramente e volontariamente la cosa?

Perché portare una ragazzina a lasciare gli studi per togliersi da una casa che era una prigione quando, usando il buonsenso, si poteva avere una allegra tribù? Gli estremismi contro i bambini, quelli che io chiamo "adultismi", non aiutano. Non servono. Non educano. Al contrario, esasperano. Distruggono. Inducono alla fuga e, in ultimo, dividono gli affetti.

Gianna adesso ha ventisei anni, ha preso un diploma al serale e ha un fidanzato d'oro, che capisce e la aiuta a guarire da quelle ferite, da quei rifiuti, da quel dolore che si porta dentro. Non vuol sentire parlare di famiglia, né di matrimonio, né di figli. La sua non-infanzia è ancora troppo vicina per lei. Il suo dolore è ancora troppo vivo.

In definitiva, essere genitore è una scelta bellissima, ma deve essere una scelta consapevole. Non si può mettere al mondo un figlio e poi non aiutarlo a crescere disinteressandosi di lui. Non è un giocattolo, né un passatempo. E' un essere umano che ha bisogno di una guida, di affetto, di insegnamenti, non solo di un tetto, di cibo e di vestiti.

Molte volte abbiamo parlato della necessità del dialogo, del rispetto dei tempi della crescita e di educazione ai valori. Tutto ciò si passa al bambino con la costante presenza, con la gradualità dell'azione, con la determinazione data dalla responsabilità genitoriale. Quest'ultima deve a sua volta essere amministrata con intelligenza: i compiti che vanno assegnati ai bambini devono essere adeguati all' età dell'educando, non essere occasioni per sgravarsi da compiti che, in realtà, spettano all'adulto.

La crescita di un qualunque essere vivente è graduale, nessuno passa da cucciolo ad adulto in una notte. Anche ai nostri figli dev'essere garantito questo, se vogliamo adulti equilibrati. Si ricorda che attività come il gioco e l'interazione con coetanei sono fondamentali per la crescita armonica della persona, non sono perdite di tempo, né azioni senza valore. Ricordate i risultati ottenuti da Zoltan? Giocare, interagire, confrontarsi sono passi indispensabili per sviluppare appieno le loro potenzialità. Bisogna essere coscienti che i bambini di oggi si sviluppano cognitivamente e psicologicamente come cent'anni fa.

Saranno più svegli, avranno molte cose che le generazioni passate manco si sognavano (ma questo vale per tutti. Il mondo va avanti ed ogni generazione ha avuto qualcosa di più della precedente e di meno o di diverso della successiva), ma restano bambini.

Hanno bisogno di tempo, di sperimentare, di sentirsi amati, ma non col videogame nuovo o la bicicletta o altra materialità. Hanno bisogno anche di coccole e abbracci. Di un mondo che non gli imponga ritmi pesanti, che gli negano la crescita serena. Ogni età ha i suoi tempi. Rispettateli. E ora, come di consueto diciamo: Si alla crescita guidata! Si al rispetto dei tempi!

RIEPILOGO DEL CAPITOLO 5:

- SEGRETO n. 1: un figlio è un impegno costante, ogni giorno della vostra vita, per tutta la durata della vostra vita.
- SEGRETO n. 2: i figli si nutrono non solo di cibo, ma anche del nostro esempio, positivo o negativo che sia.
- SEGRETO n. 3: i nostri figli si nutrono non solo col cibo e con l'esempio, ma anche con le emozioni, quelle positive che ti riempiono l'anima e rivolgono mente e cuore al futuro.
- SEGRETO n. 4: la vita non è (solo) sacrificio. La vita è scoperta. La vita è ricerca. Non è una catena di obblighi. Diamo il giusto peso a ogni età in termini di azioni e di insegnamenti.

Facciamo il punto

Nel corso di questa lunga notte davanti al fuoco, abbiamo messo l'accento su molti torti e mi sono permessa di darvi alcuni consigli su come evitarli. Vogliamo darci una riguardata insieme? Partiamo dagli errori. Un bambino non deve:

- essere deluso: un bambino deluso è un bambino che può portare rancore perché si sente tradito;
- essere tradito: un bambino che si sente tradito è un bambino che tenderà a non fidarsi più dell'adulto;
- non essere rispettato: il bambino ha bisogno dei suoi tempi e dei suoi spazi. Toglierglieli equivale a rendere il suo sviluppo "monco";
- essere il vostro riscatto: le vostre scelte, le vostre rinunce non devono ricadere su di lui. Lui non ne è responsabile e non ha alcun obbligo di riscatto;
- essere vittima di "odio": se detestate vostra moglie o vostro marito non fate vivere tensioni incomprensibili ad un bambino. Non fatelo sentire una "merce di scambio";

- essere vittima di finzioni: non fingete di amarvi. Il bambino lo capisce, si sentirà solo e avrà un modello di vita di coppia fuorviato;
- essere minimizzato: se si rivolge a voi è perché ha bisogno di voi, dei suoi adulti di riferimento, del vostro aiuto;
- essere rifiutato: un figlio non va rifiutato perché non risponde alle vostre aspettative. Anzi, andrebbe amato di più per fargli sentire che la sua imperfezione ai nostri occhi non esiste;
- essere ignorato: un figlio non è un bambolotto di cui ci si occupa solo quando e se ci va;
- essere oberato di incombenze non sue: a ogni età i suoi incarichi.

Bene. Ora, dopo aver fatto una carrellata sui torti, facciamola anche sui rimedi e sui consigli. Davanti ad un bambino, bisognerebbe sempre:

- essere coerenti: non si può "predicare bene e razzolare male". I bambini ci osservano ed i loro giudizi sono impietosi;
- essere partecipi: lasciarsi coinvolgere dalle loro gioie migliora anche le nostre giornate, troppo spesso snervanti e pesanti;

- non negare il gioco, la fantasia e il divertimento: essi non sono *optional* nella crescita, sono tappe fondamentali;
- non imporre ricatti: se avete fatto delle rinunce, vostro figlio non ha colpe, né è obbligato a realizzare i vostri sogni infranti. Lasciategli fare le sue scelte per ciò che riguarda la sua vita;
- avere il coraggio di dialogare: non c'è niente che un bambino non possa capire se gli viene spiegato. Essere costruttivi, questa la vera sfida;
- essere veri: mai fingere. Il rapporto col minore deve essere sempre veritiero, non fatto di atteggiamenti facilmente smascherabili;
- avere il coraggio di chiedere aiuto: se vi accorgete che le vostre azioni negative sono troppo dominanti, chiedete aiuto a specialisti. É un atto di grande maturità;
- essere buoni ascoltatori: se il bambino ha un problema e vi cerca, ascoltatelo. Non sminuitelo. Non svilitelo. Per lui è una situazione di disagio, di stress. Sta cercando aiuto: tendetegli la mano;
- essere positivi: se vostro figlio ha dei problemi o si sospetta che ne abbia, fatelo seguire da chi è più competente, da chi può aiutarlo. É un sacrificio che vi ripagherà sulla medio-

lunga distanza;
- essere fattivi: sfruttate tutto ciò che potete per conoscere ed ascoltare vostro figlio. Potreste intuire e scoprire problemi sul nascere ed essere messi in condizione di agire tempestivamente;
- essere guide: di crescere non si finisce mai, ma da bambini, serve una guida costante, discreta, autorevole. Siatelo!
- Essere rispettosi: abbiate rispetto per i tempi di crescita. Non addossate incombenze troppo grandi a bambini troppo piccoli. Andate per gradi.

Conclusione

Oh, ecco le prime luci dell'alba. Prima di lasciarvi, devo raccontarvi ancora una storia, l'ultima. La più dura, la più difficile, la più terribile. L'ho tenuta per ultima proprio perché è meglio sentirla andando verso la luce di un nuovo giorno, piuttosto che verso la notte. E' un ultimo spunto di riflessione che vi dono augurandovi che, per ognuno di voi, resti solo una storia.

No alla rigidità dei ruoli (fate il vostro lavoro che io faccio il mio)

Questa è la storia di Carola e Anna, amiche per la pelle. Arrivai nella loro classe, una quarta, nel mese di ottobre e il legame tra le due bambine mi parve subito evidente. Entrambe figlie uniche, compagne di banco, condividevano tutto, si cercavano per ogni cosa, chiacchieravano fitto fitto, giocavano sempre insieme, si frequentavano fuori scuola perché abitavano in scale diverse dello stesso condominio...insomma, tutto sembrava essere positivo e normale.

Senonché, il mio collega mi informa che il padre di Anna si diceva fosse coinvolto in un traffico di stupefacenti. D'altra parte, mi dice, il quartiere è quello che è... Questa notizia mi rattristò.

Ai primi colloqui, il mio collega cercò di far capire alla mamma di Carola che non era una cosa positiva e costruttiva lasciare che Carola frequentasse Anna, la sua famiglia, la sua casa: era un ambiente rischioso sotto molti punti di vista. Lei si irrigidì progressivamente e disse: "voi fate gli insegnanti che a fare il genitore ci penso io.

Cosa faccia e chi frequenti Carola fuori dalla scuola è affare mio, non vostro. Voi occupatevi di insegnarle la matematica e l'italiano". Poi si alzò e, con fare orgoglioso e altero, se ne andò.

Incassammo la sconfitta, una sconfitta che mi brucia da allora ogni giorno e sapete perché? Perché Carola e Anna non ci sono più. La loro vita si è fermata a 16 anni, in una fredda serata invernale. Si trovarono nel posto sbagliato, nel momento sbagliato. Dicono che il bersaglio fosse un lontano parente di Anna, ma il destino si portò via entrambe le ragazze...

Qualche mese più tardi, il caso mi fece incrociare la mamma di Carola per strada. Lei mi riconobbe e mi chiamò. Interdetta, mi fermai. Lei, con una voce distrutta dal dolore, dal più crudele tra i dolori che possono torturare un genitore, e con due occhi che non avevano più lacrime perché tutte erano andate a solcare e scavare un viso ancora giovane fino a invecchiarlo di almeno vent'anni, mi sussurrò: "Se solo vi avessi dato retta... se solo vi avessi ascoltati... invece, ho ascoltato solo il mio comodo.

Me la tenevano quando ero al lavoro, a volte anche di notte. Io ero contenta che Carola non rimanesse da sola e non ho voluto vedere ciò che invece voi vedavate...". Ora, senza arrivare al finale terribile di questa storia, finale che nessun genitore dovrebbe mai né vivere, né affrontare lasciate che vi dica:

SEGRETO n. 1: gli insegnanti, gli educatori sono persone che hanno studiato (e hanno fatto spesso decenni di gavetta), hanno superato concorsi pubblici con migliaia e migliaia di candidati per ricoprire quel ruolo e non sono nemici dai quali difendersi. Anzi, sono i migliori alleati che possiate avere nell'educazione di vostro figlio.

L'insegnante non ha interesse a dirvi una cosa per un'altra. Il figlio è il vostro, non il suo. Finito il suo orario, va a casa dalla sua famiglia, non pensa alla vostra. Egli può però cogliere aspetti che voi non vedete, e pertanto cercare di consigliarvi al meglio. Lo fa per aiutarvi, ma non ha né intenzione né interesse a sostituirsi a voi.

Non andrà in giro a raccontare i fatti vostri, è tenuto al silenzio. Non vi giudicherà, non è né un dio, né un giudice. Sta solo facendo il suo lavoro che è parallelo al vostro. Infatti, i due ruoli (insegnante e genitori) non sono contrapposti. Siete entrambi dalla stessa parte. Quella del bambino. Ricordatevelo, la prossima volta che andrete ad un colloquio.

Evitiamo altre Carole (ma anche altri Mattia, altre Luminita...) il più possibile. Ve ne prego. La nostra società non ha bisogno di adulti instabili, sofferenti, feriti. Ha bisogno di persone il più possibili soddisfatte e serene, educate ad affrontare costruttivamente le situazioni che si presentano loro dinanzi, non con rabbia e aggressività. Il falò si è ormai spento, sono rimasti pochi, rossi, tizzoni roventi a lanciare ancora qualche caldo bagliore, l'aria fresca del mattino ci sta annunciando che è giunto un nuovo giorno tutto da scrivere, tutto da vivere.

Dopo questa lunga nottata, in cui vi ho raccontato più storie io di un aedo, lasciate che vi auguri di essere genitori migliori. Che questa alba virtuale porti nella vostra vita il vento del cambiamento, un nuovo corso, un nuovo sentiero da percorrere e che tutto ciò sia meraviglioso e positivo. Sono sicura che con coerenza, costanza, determinazione ed impegno diventerete straordinari e i vostri figli non potranno che essere orgogliosi di voi.

Ringraziamenti

Lo so, non posso ringraziare uno per uno i circa mille ed ottocento allievi che ho avuto in ventotto anni, né tutti i genitori, i colleghi ed i dirigenti scolastici che ho incontrato. Posso, però, fare un ringraziamento collettivo.

Quindi, grazie ad ogni bambino che mi si è seduto dinanzi, ad ogni bocca sdentata che si è aperta in un sorriso, stortata in una smorfia, spalancata in un pianto. Grazie ad ogni paio di occhi che si sono meravigliati aprendosi sul mondo e che mi ha insegnato a vederlo come solo i bambini possono e sanno vedere.

Grazie ad ogni lacrima che ho consolato ed a ogni naso che ho aiutato a soffiare, che mi ha resa una figura umana ai loro occhi, non solo istituzionale. Grazie per ogni abbraccio che ho ricevuto, per ogni bacio pieno di saliva, per ogni *"maestra, ti voglio bene"* che mi sono sentita dire.

Grazie ad ogni genitore, collaborativo o meno che sia stato, perché da ognuno di loro ho imparato qualcosa, in bene e in male. Grazie a ogni collega che ho incontrato sulla mia strada ed a ogni dirigente, anche a quelli che mi hanno ostacolata: mi hanno resa più forte in tante occasioni, in tanti modi diversi.

Grazie a ognuno di voi, siete ben custoditi dentro di me. E grazie a voi, temporanei compagni di viaggio, che avete avuto la bontà e la pazienza di ascoltarmi.
Buona vita a tutti!

Mae

Riconoscenza

In un libro per i genitori, non potevo non citare i miei. In particolare, mio padre. Presenza discreta, è stato guida serena attraverso i miei attuali cinquant'anni di vita. Abbiamo avuto screzi, litigi, difficoltà, ma abbiamo sempre avuto la mano tesa l'uno verso l'altro.

Ora che è ultranovantenne, vedovo, pieno di malattie e di acciacchi ritrovo in lui quello sguardo bisognoso che sicuramente avevo io da bambina e che lui accoglieva, facendosi carico delle mie "piccole necessità". Ora che, in un certo senso, sono diventata genitore di mio padre, capisco cosa significhi dedicarsi giornalmente e primariamente ad un altro essere umano, a guidarlo come lui ha guidato me.

Nei suoi occhi azzurri tornati fanciulli, ma senza la forza ed il vigore della fanciullezza, leggo ansie, dispiaceri, bisogno di presenza ed affetto rassicuranti che cerco di dargli, nello stesso modo totale in cui lui li diede a me. La vita, con lui, è stata parca di gioie. Che almeno questo ultimo scorcio possa essere sereno, in attesa di ciò che verrà. Grazie papà, per aver fatto di me la persona che sono!

Ad maiora!

Risorse utili

No, no, no non guardatemi atterriti...non sto per darvi compiti a casa o lezioni da studiare! Vi offro solo qualche altro spunto di riflessione, qualche indicazione per approfondire qualcuno degli argomenti di cui abbiamo parlato e che magari sentite particolarmente vicino a voi. Qui in mezzo ci sono testi *evergreen*, testi moderni o modernissimi, autori apprezzati ed autori contestati. É una bibliografia assolutamente apolitica, senza preferenze se non quelle dettate dallo spirito, dall' affinità.

Alba Marcoli

Grande psicologa clinica, scomparsa nel 2014, si è occupata molto a lungo di disagi minorili e dei problemi della famiglia. Vi segnalo qualche suo bel testo, che offre grandi spunti di riflessione:
1) *"La rabbia delle mamme"*;
2) *"Il bambino arrabbiato. Favole per capire le rabbie infantili"*;

3) *"Il bambino nascosto. Favole per capire la psicologia nostra e dei nostri figli"*;
4) *"E le mamme chi le aiuta? Come la psicologia può venire in soccorso dei genitori e dei loro figli"*;
5) *"Il bambino lasciato solo. Favole per momenti difficili"*;
6) *"La nonna è ancora morta? Genitori e bambini davanti ai lutti della vita"*.

La dottoressa Marcoli ha una produzione letteraria più ampia di questa. Vi invito davvero a far vostra questa autrice.

Paolo Crepet

Il dottor Crepet è uno psichiatra e sociologo italiano, molto conosciuto per le sue ospitate televisive. Ha una capacità analitica eccezionale, che fa sì che le sue analisi giungano dritte come un pugno nello stomaco e siano in grado di smuovere le coscienze. Dalla sua vasta produzione vi segnalo:

1) *"Non siamo capaci di ascoltarli. Riflessioni sull'infanzia e sulla adolescenza"*;
2) *"Voi, noi. Sull' indifferenza di giovani e adulti"*;

3) *"I figli non crescono più"*.
Sono libri godibilissimi che, se uno li legge con mente aperta, alla fine riceve veramente dei begli insegnamenti.

Gianni Rodari

In un libro scritto da una maestra, poteva mancare? Direi di no! Godetevi non solo la bellezza straordinaria di testi quali le celeberrime *"Grammatica della Fantasia"* e le *"Favole al telefono"* ma spaziate attraverso tutta la sua produzione. Tornerete a vedere il mondo con gli occhi di un bambino.

Jean Piaget

Grande pedagogista svizzero, ha una produzione ampia su tutto ciò che riguarda lo sviluppo del pensiero. Vale la pena leggere i suoi testi perché ci si rende conto di come il pensiero, la logica matematica ed il linguaggio nascano e si sviluppino nel bambino in momenti precisi e non a casaccio, come spesso si ritiene.

Vi segnalo anche un paio di articoli che mi sono capitati sotto gli occhi di recente, che trovo significativi:

https://m.orizzontescuola.it/scuola-non-boccia-scuola-marcia-crepet-vogliamo-male-messo-al-mondo/

https://www.nostrofiglio.it/bambino/bambino-6-14anni/giochi-per-bambini-6-14-anni/importanza-gioco-bambini

In ultimo, ho dato una saccheggiata al catalogo del mio editore e ho trovato alcune perle che non aspettavo altro che potervi segnalare. Eccole:

di Simona Muratori, *"Crescere insieme a tuo figlio"*;
di Gianluca Pistone, *"Crescere con il dialogo"*;
di Alessandra Grassi, *"Il gioco della Mediazione"*;

Spero di avervi invogliati al miglioramento.
Se vorrete contattarmi, sono rintracciabile al sito:
www.maevee.online
e-mail: maevee.sandonati@gmail.com
Twitter: @sfericamente
Facebook: https://www.facebook.com/maevee.sandonati.autore

www.ingramcontent.com/pod-product-compliance
Lightning Source LLC
Chambersburg PA
CBHW070514090426
42735CB00012B/2778